BEI GRIN MACHT SICH I
WISSEN BEZAHLT

- Wir veröffentlichen Ihre Hausarbeit,
  Bachelor- und Masterarbeit

- Ihr eigenes eBook und Buch -
  weltweit in allen wichtigen Shops

- Verdienen Sie an jedem Verkauf

Jetzt bei www.GRIN.com hochladen
und kostenlos publizieren

Stefan Wiedner

IT-Sicherheit in Firmennetzwerken

Vergleich der IT-Governance Modelle Cobit®, ITIL® und MOF®

GRIN Verlag

Bibliografische Information der Deutschen Nationalbibliothek:

Die Deutsche Bibliothek verzeichnet diese Publikation in der Deutschen National-
bibliografie; detaillierte bibliografische Daten sind im Internet über http://dnb.d-
nb.de/ abrufbar.

Dieses Werk sowie alle darin enthaltenen einzelnen Beiträge und Abbildungen
sind urheberrechtlich geschützt. Jede Verwertung, die nicht ausdrücklich vom
Urheberrechtsschutz zugelassen ist, bedarf der vorherigen Zustimmung des Verla-
ges. Das gilt insbesondere für Vervielfältigungen, Bearbeitungen, Übersetzungen,
Mikroverfilmungen, Auswertungen durch Datenbanken und für die Einspeicherung
und Verarbeitung in elektronische Systeme. Alle Rechte, auch die des auszugsweisen
Nachdrucks, der fotomechanischen Wiedergabe (einschließlich Mikrokopie) sowie
der Auswertung durch Datenbanken oder ähnliche Einrichtungen, vorbehalten.

Impressum:

Copyright © 2008 GRIN Verlag GmbH
Druck und Bindung: Books on Demand GmbH, Norderstedt Germany
ISBN: 978-3-640-92229-1

Dieses Buch bei GRIN:

http://www.grin.com/de/e-book/172346/it-sicherheit-in-firmennetzwerken

GRIN - Your knowledge has value

Der GRIN Verlag publiziert seit 1998 wissenschaftliche Arbeiten von Studenten, Hochschullehrern und anderen Akademikern als eBook und gedrucktes Buch. Die Verlagswebsite www.grin.com ist die ideale Plattform zur Veröffentlichung von Hausarbeiten, Abschlussarbeiten, wissenschaftlichen Aufsätzen, Dissertationen und Fachbüchern.

Besuchen Sie uns im Internet:

http://www.grin.com/

http://www.facebook.com/grincom

http://www.twitter.com/grin_com

Version: 1.0
Datum: 2008-01-27
Status: Released
Vertraulichkeit: keine

Autor DI(FH) Stefan Wiedner, M.A.

IT-Sicherheit in Firmennetzwerken

Vergleich der IT-Governance Modelle Cobit, ITIL und MOF

Inhaltsverzeichnis

1 Einleitung

In den letzten Jahrzehnten hat sich für Unternehmen der Stellenwert der IT drastisch verändert. Die Palette reichte von reiner Exotik über Chaos bis zum heutigen Stellenwert als reiner interner Dienstleister. Der heutige Zweck der Unternehmens-IT ist am besten damit beschrieben, die IT als technische und organisatorische Unterstützung der Geschäftsprozesse zum Zweck der Gewinnoptimierung zu bezeichnen.

Da die IT eines Unternehmens meistens einen erheblichen Teil des Budgets verschlingt, stellt sich für beinahe alle Unternehmen die Frage, wie diese Budgets optimal genutzt und kontrolliert werden können. Dabei ist es jedoch zusätzlich auch von Bedeutung den Technologielevel auf einem zeitgemäßen Niveau zu halten und gleichzeitig aber auch überprüfbare Qualitätskriterien zu erfüllen. Diese Gesamtaufgabe wird im deutschsprachigen Raum als Informationsmanagement oder auch IT-Management bezeichnet. Der Schwerpunkt der Betrachtung lag aber großteils im technischen Bereich, da der rasche Technologiewandel in der IT sehr viel Aufmerksamkeit verlangte.

Der Ansatz der IT-Governance bietet einen Erweiterung der Sicht mit Wechsel der Gewichtung hin zu betriebswirtschaftlichen und geschäftspolitischen Zielen, entstanden aus dem Corporate Governance Gedanken für börsennotierte Unternehmen umgelegt auf unternehmensinterne IT-Organisationen. IT-Governance soll also das Top-Management eines Unternehmens befähigen, seine Führungs- und Kontrollaufgaben auch im IT-Bereich wahrzunehmen. Die Schwerpunkte bilden dabei das Management von Risken und die Erreichung der Business-Ziele des Unternehmens.

Das Referenzmodell von COBIT (Control Objectives for Information and Related Technology) bietet für die Kontroll- und Führungsaufgaben einen Leitfaden im Rahmen der IT-Governance. Dieses Modell wird vom IT Governance Institute in den USA veröffentlicht. Es deckt die Anforderungen nach Unterstützung der strategischen Kontrolle und Steuerung mit einer umfassenden Literatur ab.

Im Gegensatz dazu ist das Referenzmodell von ITIL (IT Infrastructure Library) stärker auf das operative Geschehen eines Unternehmens ausgerichtet. Die Konzentration dort liegt auf dem Bereich Service-Management und geht sehr in die Tiefe. ITIL wurder vom CCTA (Central Computer and Telecommunications Agency – jetzt OGC) in Großbritannien entwickelt. Es wird ebenfalls in Form von mehreren Bänden veröffentlicht.

MOF (Microsoft Operations Framework) ist ein von Microsoft entwickeltes Modell, das auf ITIL aufbaut und speziell für den Betrieb von Microsoft-Produkten und heterogenen Umgebungen ausgelegt ist.

Diese Arbeit hat zum Ziel, die genannten Begriffe und Verfahren detailliert gegenüberzustellen und zu bewerten. Der Schwerpunkt soll dabei auf dem Bereich IT-Sicherheit liegen.

2 IT-Governance

IT-Governance ist zur Zeit ein höchst aktuelles aber trotz allem Interesse daran ein relativ unerforschtes Themenfeld. Eingehende Literaturrecherchen zeigen, dass zwei Zentren sich in langjähriger Arbeit mit diesem Bereich beschäftigt haben und auch weiter beschäftigen:

- Das IT Governance Institut (ITGI, http://www.itgi.org), wurde im Jahr 1998 gegründet und ging aus der ISACA (Information Systems Audit and Control Association, http://www.isaca.org).

- Das Center for Information Systems Research (CISR, http://mitsloan.mit.edu.cisr) an der MIT Sloan School of Management

2.1 Einführung

IT-Governance als Begriff – analog zu Corporate Governance - hat sich sowohl im akademischen Umfeld als auch im Business-orientierten Bereich rasch etabliert. Als Einführung werden hier die wichtigsten Begriffe definiert und Gründe für die Relevanz von IT-Governance angeführt.

2.1.1 Begriffsbestimmung

Corporate Governance

Als Folge von Unternehmensskandalen ist bei Investoren aber auch Kunden das Bewusstsein gestiegen, dass eine angemessene "Corporate Governance" (Unternehmensverfassung) für eine effiziente Funktionsweise der Kapitalmärkte unabdingbar ist. Sowohl in Österreich als auch in der EU werden daher entsprechende Maßnahmen gesetzt, mit denen das Vertrauen der Investoren gestärkt werden soll.

[...]

Eine Erklärung zum Österreichischen Corporate Governance Kodex ist seit August 2004 eine Pflicht für Unternehmen des Prime Market an der Wiener Börse. Alle im Prime Market notierenden Unternehmen müssen jährlich eine Erklärung über die Einhaltung bzw. Nicht - Einhaltung des Österreichischen Corporate Governance Kodex in den Geschäftsbericht aufnehmen.

Die Corporate Governance Empfehlungen der EU - Kommission und das Gesellschaftsrechtsänderungsgesetz 2005 machten im Jänner 2006 eine Anpassung und Weiterentwicklung des österreichischen Corporate Governance Kodex notwendig. Schwerpunkte dieser Kodex - Revision waren noch mehr Transparenz und die Stärkung der Unabhängigkeit des Aufsichtsrats. Mit dem überarbeiteten Kodex kann der österreichische Kapitalmarkt ein modernes Corporate Governance System vorweisen, welches sich an den europäischen und internationalen Standards orientiert.

Bundesministerium für Finanzen, 04.12.2007,
http://www.bmf.gv.at/Finanzmarkt/Kapitalmarktinitiative625/CorporateGovernance615/_start.htm

Massnahmen der EU

2003 hat die Kommission einen Aktionsplan zur "Modernisierung des Gesellschaftsrechts und Verbesserung der Corporate Governance in der EU" vorgelegt. Den Schwerpunkt bilden dabei eine Reihe von Initiativen zur Corporate Governance (u.a. in den Bereichen Offenlegung, Stärkung der Aktionärsrechte sowie Modernisierung des Leitungs-/Verwaltungsorgans), mit denen das Vertrauen in die Kapitalmärkte gestärkt werden soll.

Die Kommission vertritt die Ansicht, dass ein europäischer Corporate Governance Kodex keine nennenswerten Vorteile bringen würde, sondern damit lediglich eine weitere Stufe zwischen den internationalen Grundsätzen und den nationalen Regelungen zwischengeschaltet würde. Sinnvoll sei vielmehr eine gemeinsame Herangehensweise mit einigen gemeinsamen Grundregeln sowie eine entsprechende Koordinierung der nationalen Corporate Governance-Regelungen. Die Kommission hat daher ein Europäisches Corporate Governance-Forum eingerichtet, das in den Mitgliedstaaten bewährte Verfahren prüfen und die Konvergenz nationaler Corporate Governance-Kodizes fördern soll.

Auf der Grundlage des Aktionsplans hat die EU-Kommission Anfang 2005 zwei Empfehlungen zu den Aufgaben der Aufsichtsräte und zur Vergütung der Direktoren veröffentlicht.

Bundesministerium für Finanzen, 04.12.2007,
http://www.bmf.gv.at/Finanzmarkt/Kapitalmarktinitiative625/CorporateGovernance615/ManahmeninderEU/_start.htm

IT-Governance

Unter IT-Governance werden Maßnahmen, Grundsätze und Verfahren verstanden, die sicherstellen, dass mit Hilfe der IT Ressourcen wirtschaftlich eingesetzt, Geschäftsziele abgedeckt und Risken angemessen überwacht werden.

Verschiedene Auffassungen gibt es hinsichtlich Schwerpunkten und Details und daher auch verschiedene Definitionen. Die bekannteste ist jene des IT Governance Institutes:

IT governance is the responsibility of the board of directors and executive management. It is an integral part of enterprise governance and consists of the leadership and organisational structures and processes that ensure that the organisation s IT sustains and extends the organisation s strategies and objectives.
IT Governance Institute: Board Briefing on IT Governance, 2. Edition. 2003, Seite 10

Weitere Definitionen des Begriffs IT-Governance:

IT governance is the term used to describe how those persons entrusted with governance of an entity will consider IT in their supervision, monitoring, control and direction of the entity. How IT is applied within the entity will have an immense impact on whether the entity will attain its vision, mission or strategic goals.
Roussey, Robert S., IT Governance Institute: Board Briefing on IT Governance, 2. Edition. 2003, Seite 1

... specifying the decision rightsand accountability framework to encourage desirable behaviour in using IT.
Weill, Peter; Ross, J.: IT Governance. Harvard Business School Press 2004

IT-Governance: A structure of relationships and processes to direct and control the enterprise in order to achieve the enterprise s goals by adding value while balancing risk versus return over IT and its processes.
IT Governance Institute: CobiT 3rd Edition Executive Summary. July 2000, Seite 3

IT Governance liegt in der Verantwortung des Vorstands und des Managements und ist ein wesentlicher Bestandteil der Unternehmensführung. IT Governance besteht aus Führung, Organisationsstrukturen und Prozessen, die sicherstellen, dass die IT die Unternehmensstrategie und -ziele unterstützt.
IT Governance Institute: IT Governance für Geschäftsführer und Vorstände. 2003, Seite 11

2.1.2 Bedeutung von IT-Governance

Die IT ist in den letzten Jahren in den Fokus der Unternehmensvorstände gerückt, obwohl früher doch vorwiegend die technischen Probleme der EDV zentral im Mittelpunkt standen. Diese wurden alleine dem IT-Leiter überlassen und die hohen aber kaum reduzierbaren Kosten waren für die Vorstände das einzig interessante daran. Worin liegt dieser Meinungsumschwung begründet?

Die Antwort liegt in der Aufgabe der IT begründet. Die IT ist für viele Unternehmen quer durch alle Branchen die Basis für ihre Geschäftsprozesse geworden, daher ist sie für die Unternehmensstrategie von substantieller Bedeutung. Nur jene Unternehmen sind erfolgreich, die ihre Informationen aus den verschiedensten Quellen auch optimal für die Erreichung der Geschäftsziele nutzen können. IT-Governance ist daher ein wesentlicher Bestandteil von Corrporate Governance und rückt damit sofort in den Verantwortungsbereich des Top-Managements.

Die IT unterstützt ein Unternehmen bei Effizienz und Abwicklung der Prozesse. Sie trägt daher idealerweise wesentlich zur Gewinnerzeugung des Unternehmens bei und generiert nicht nur hohe Kosten. Eine mangelhafte IT kann sich wiederum sehr empfindlich auf das Unternehmensergebnis auswirken und somit Bestandteil der Unternehmensrisiken. In diesem Kontext sind die Ziele von IT-Governance zu sehen:

- die Ausrichtung der IT auf die Unternehmensziele und –prozesse

- die Erreichung der Geschäftsziele mit optimalem Nutzen zu unterstützen

- IT-Ressourcen verantwortungsbewußt und nachhaltig einzusetzen

- IT-Risken optimal zu bewältigen und zu minimieren

Um diese Ziele zu erreichen, ist der Einsatz einer bewährten Vorgehensweise – eines Rahmenmodells mit Referenzcharakter – zu empfehlen.

2.1.3 Zielgruppe

IT-Governance liegt eindeutig in der Verantwortung des Top-Managements – sprich Vorstände und oberste Führungsebenen. Im angloamerkimanischen Raum sind damit die sogenannten CXO-Positionen bzw. das „Board of Directors" betroffen bzw. angesprochen.

2.2 ITGI (IT Governance Institute)

2.2.1 Institution

Das ITGI wurde 1998 gegründet, um Firmen bei der Anwendung von IT-Governance zu beraten und zu unterstützen und eine zentrale Ansprechstelle zu diesem Thema zu sein. Es ging aus der ISACA (Information Systems Audit and Control Association), einer Vereinigung internationaler Revisoren, hervor. ITGI gibt gemeinsam mit ISACA die Dokumentationen zu CobiT heraus.

Das ITGI bereitet laufend aktuelle Themen für das Topmanagement auf, um dieses durch die entstehenden Dokumentationen zu unterstützen. So behandelte eine Broschüren das Thema IT Control Objectives for Sarbanes-Oxley, in der Kontrollziele für die Prüfung der IT bezüglich des US Sarbanes-Oxley Act aus 2002 definiert werden und ein Dokument das Risikomanagement. Weiters werden durch das ITGI Konferenzen veranstaltet, Fallstudien veröffentlicht und Forschungsaktivitäten unterstützt.

2.2.2 IT-Governance und das Top-Management

IT-Governance bedeutet die Anwendung der Prinzipien des Corporate Governance auf die Lenkung und Steuerung der IT. Dazu müssen Strategien definiert werden. Daraus abgeleitet sind die wesentlichen Aufgaben das Schaffen von Unternehmenswert mit dem gleichzeitigen Minimieren von IT Risiken und der Überwachung der Performance. Ziel ist die fortlaufende Verbesserung.

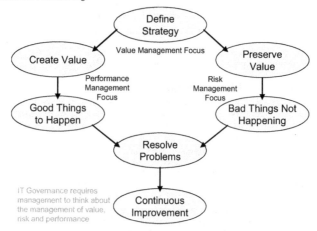

IT-Governance: Fokussierung aud Unternehmenswert, Ergebnis und Risiko
Quelle: IT Governance Institute: IT Governance Executive Summary. 2004

IT-Governance stellt eine Führungsaufgabe dar. Deshalb ist sie, wie andere Führungsaufgaben, Teil der Verantwortung des Vorstands und des Managements. Gelebt wird sie jedoch auf verschiedenen Ebenen: Teamleader, die an die Manager berichten und Weisungen empfangen, Manager, die an die Top-Manager berichten, Top-Manager, die an den Vorstand berichten. Bei der Umsetzung der IT-Governance müssen Vorstand und Management zusammenarbeiten, wobei folgende Aufgabenaufteilung für die Führungsebenen empfohlen wird:

- Die Mitglieder des Vorstandes sollen eine aktive Rolle in der Entwicklung der IT-Strategie und in IT-Steuerungsgremien haben.

- Das Top-Management soll organisatorische Strukturen bereitstellen, die die Implementierung der IT Strategie unterstützen.

- Der IT-Leiter soll geschäftsorientiert denken und eine Brücke zwischen IT und den Fachbereichen schlagen.

- Das Management der Fachbereiche soll in die IT Steuerungsprozesse oder Komitees miteinbezogen werden.

2.2.3 Umsetzung IT-Governance

Die Umsetzung hat der Vorstand zu verantworten. Diese Führungspflichten werden oft durch Einrichten von Komitees wahrgenommen, die kritische Bereiche überwachen. Der Aufbau eines Komitees auf Vorstandsebene (IT Strategy Comitee) kann ein wichtiger Schritt zur Umsetzung sein. Das IT Strategy Comitee besteht aus Vorstands- und Nichtvorstandsmitgliedern und sollte dem Vorstand beigestellt sein, um IT-relevante Themen durchzuführen bzw. darauf aufmerksam zu machen. IT-Governance soll auf strukturierte Weise wahrgenommen werden und der Vorstand soll relevante Informationen erhalten.

Ebene	IT Strategy Committee	IT Steering Comittee
	Top Management	**Operatives Management**
Verantwortung	Gibt dem Top-Management Einblick in und Beratung für Themen wie: • Die Relevanz neuester IT Entwicklungen aus Sicht des Kerngeschäfts • Die Ausrichtung der IT mit der Geschäftsausrichtung • Die Erreichung von strategischen IT Zielen • Die Verfügbarkeit angemessener IT Ressourcen, Skills und Infrastruktur, um strategische Ziele zu erreichen • Optimierung der IT Kosten • Die Rolle und der Wertbeitrag von extern beschafften Ressourcen Risiko, ROI und wettbewerbsrelevante Aspekte von IT Investitionen • Fortschritt der wesentlichen IT-Projekte • Der Wertbeitrag (zB Erstellung des • versprochenen Wertes) • Die Gefährdung durch IT-Risiken, inklusive Compliance-Risiken • Beherrschung von Risiken	• Entscheidet über die gesamten ITAusgaben und die Kostenverteilung • Passt die Unternehmensweite ITArchitektur an und gibt diese frei • Gibt Projektpläne und Budgets frei, legt Prioritäten und Meilensteine fest • Beschafft angemessene Ressourcen und weist diese zu • Stellt sicher, dass Projekte die Geschäftsanforderungen erfüllen und berücksichtigt auch die Re-Evaluierung des Business Case • Überwacht Projektpläne bezüglich der Erbringung der erwarteten Leistung, innerhalb des Zeit- und Kostenrahmen • Überwachung von Ressourcen- und Prioritätenkonflikten zwischen Abteilungen und der IT und zwischen Projekten • Gibt Empfehlungen und Änderungsanträge für strategische Pläne ab (Prioritäten, Finanzierung, Technologieansätze, Ressourcen, etc.) • Kommuniziert strategische Ziele an die Projektteams • Trägt einen wesentlichen Teil für die ITGovernance Verantwortung des Management bei
Befugnis	• Berät das Top-Management und Management bezüglich IT Strategie • Wird durch das Top-Management ernannt, um Beiträge zur Strategieerstellung zu geben und deren Freigabe vorzubereiten • Konzentriert sich auf derzeitige und künftige strategische Belange	• Unterstützt das Linienmanagement in der Umsetzung der IT Strategie • Überblickt das Management des Tagesgeschäfts der IT Leistungserbringung und IT Projekte • Ist auf due Umsetzung fokussiert
Mitglieder	• Mitglieder der Leitung und Spezialisten des Top-Managements	• Unterstützende Geschäftsbereiche • Key User • CIO • Berater, wenn nötig (IT Audit, Recht, Finanz)

Vergleich von typischen Aufgaben des Strategy und Steering Committee
Quelle: IT Governance Institute: IT Governance für Geschäftsführer und Vorstände. 2003

Der Antrieb zur Erhöhung des Stakeholder Value treibt die Strategiefestlegungen (Bild 2). IT-Governance stellt auch einen Prozess dar, in dem die IT Strategie die IT Prozesse steuert, welche den Einsatz von Ressourcen erfordern. Die IT Prozesse werden durch Prozessergebnisse und Performance überwacht; Risikominderung und Ressourcenverbrauch werden gesteuert. Durch diese Kontrollen soll sichergestellt werden, dass die Strategie richtig umgesetzt wird. Weiter sollen dadurch Indikatoren für den Bedarf einer strategischen Änderung aufgezeigt werden.

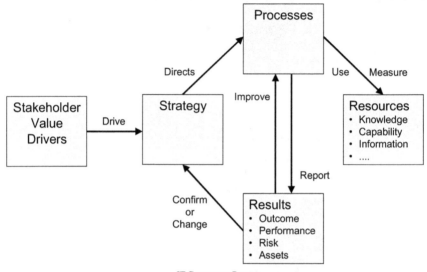

IT Governance Prozess
Quelle: IT Governance Institute: Board Briefing on IT Governance, 2. Edition. 2003

Im Anhang des Board Briefing sind für alle Aktivitäten von Vorstand und Management in Form eines Toolkits Best Practices, kritische Erfolgsfaktoren, Ziele für Ergebnismessungen und Performance Treiber angeführt.

2.2.4 Ziele der IT-Governance

Laut Angaben von professionellen Analysten wie Giga, CSC oder auch Gartner haben sich die Topthemen im IT-Bereich von den Technologiethemen zu den Managementthemen hin verschoben. Die Ziele der der IT-Governance werden von den Analysten wie folgt dargestellt:

Strategische Ausrichtung auf Unternehmenslösungen; IT-Investitionen müssen mit der Unternehmensstrategie abgestimmt sein, der IT-Betrieb auf die Geschäftsprozesse ausgerichtet sein.

Generierung von Nutzen mit Schwerpunkt auf optimale Verwendung von Ausgaben und Bewertung des Nutzens der IT. Als eine Möglichkeit zur Umsetzung wird oftmals die BSC (Balanced Scorecard) genannt.

Risikomanagement zum Schutz einerseits der IT-Assets aber auch des Geschäftsablaufes. In diesen Bereich fallen Themen wie Disaster Recovery (Wiederanlauf nach Katastrophen) oder auch Business Continuacy (Fortführung der Geschäftsprozesse im Krisenfall).

Ressourcenmanagement zur Optimierung und Management von Menschen, Wissen und IT-Infrastruktur. Eine wirksame Steuerung erfordert in diesem kontext eine effektive Kostenkontrolle.

2.3 CISR

Das Center for Information Systems Research wurde 1974 an der MIT Sloan Scholl of Management mit dem Ziel gegründet, Konzepte zur Unterstützung von Führungskräften in dynamischen und IT-orientierten Unternehmen zu bieten. Das CISR führt Grundlagenforschung mit Fokus Management und Einsatz von IT in komplexen Organisationen durch.

2.3.1 Design der IT-Governance mittels Matrix-Ansatz

Die Studien des CISR ergaben keine *beste* Methode für IT-Governance, die untersuchten erfolgreichen Unternehmen wählten je nach Umfeld unterschiedliche Strategien. Effektive IT-Governance passiert allerdings nur aufgrund sorgfältigen Designs. Die Unternehmen mit den besten Ergebniszahlen verfügen über ein volles Verständnis für IT-Governance unter den Führungskräften und es wird auch täglich gelebt.

IT-Governance wird gemessen an

- Kosteneffizienz

- Nutzung der Betriebsmittel

- Business Wachstum

- Business Flexibilität

IT-Governance umfasst im Wesentlichen fünf Entscheidungsbereiche die auf verschiedenen Hierarchieebenen entschieden werden können.

- IT-Prinzipien

- IT-Architektur

- IT-Infrastruktur

- Identifizierung der wesentlichen Business Applikationen

- IT-Investition und Priorisierung

Prinzipiell gibt es sechs typische Entscheidungsansätze:

- Business Monarchie: zentralisierte Entscheidungen durch das oberste Management

- IT-Monarchie: IT-Experten entscheiden

- Föderalistisches Prinzip: das mittlere Management aller operativen Gruppen arbeitet mit der Zentrale zusammen

- IT-Duopol: gemeinsame Entscheidung von IT-Spezialisten und Top-Management

- Anarchie: jeder Anwender bzw. jede Gruppe entscheidet selbst

	IT Principles	IT Architecture	IT Infrastructure Strategies	Business Application Needs	IT-Investment
Business Monarchy	X				X
IT-Monarchy		X	X		
Federal				X	
IT-Duopoly					
Feudal					

IT-Governance Entscheidungsmatrix
Quelle: Weill, P; Ross: Matrixed Approach to Designing IT Governance IT. MIT Sloan Management Review 46 (2005) 2.

Mittels einer Matrix – Gegenüberstellung der fünf Entscheidungsbereiche und der sechs Entscheidungsansätze (siehe Bild 3) – wurden nun für jede Organisation deren Entscheidungsstruktur spezifiziert, analysiert und kommuniziert. Die untersuchten Unternehmen zeigten typische Häufungspunkte in der Matrix. Drei grobe Gruppen konnten identifiziert werden:

- ein zentralisierter Ansatz bei Firmen mit maximaler Profitrate

- dezentralisierte Ansätze bei Firmen mit starkem Wachstum

- hybride Ansätze bei Firmen mit optimaler Ausnutzung ihrer Betriebsmittel

| | PERFORMANCE | | |
	PROFIT	ASSET UTILIZATION	GROWTH
Strategic Driver	Profitability via enterprisewide integration and focus on core competencies	Efficient operation by encouraging sharing and reuse	Encourage business unit innovation with few mandated processes
Key Metrics	ROI/ROE and business process costs	ROA and unit IT cost	Revenue growth
Key IT Governance Mechanisms	■ Enterprisewide management mechanisms (e.g., executive committee) ■ Architecture process ■ Capital approval ■ Tracking of business value of IT	■ Business/IT relationship manager ■ Process teams with IT members ■ SLA and chargeback ■ IT leadership decision-making body	■ Budget approval and risk management ■ Local accountability ■ Portals or other information/services sources
IT Infrastructure	Layers of centrally mandated shared services	Shared services centrally coordinated	Local customized capability with few required shared services
Key IT Principles	Low business costs through standardized business processes	Low IT unit costs; reuse of standard models or services	Local innovation with communities of practice; optional shared services
Governance	More centralized	Blended	More decentralized
	E.g., Monarchies and Federal	E.g., Federal and Duopoly	E.g., Feudal arrangements; risk management emphasis

Entscheidungstrukturen erfolgreicher Unternehmen mit verschiednene Optimierungskriterien
Quelle: Weill, P; Ross: Matrixed Approach to Designing IT Governance IT. MIT Sloan Management Review 46 (2005) 2.

Weill leitet aus diesen Ergebnissen Empfehlungen ab für das optimale Design einer IT-Governance. Jede Firma soll zuerst ihre eigenen Bedürfnisse für Synergie und Autonomie feststellen, die Rolle der Organisation danach einrichten und danach an Hand der Matrix die optimalen IT-relevanten Entscheidungsstrukturen sorgfältig festlegen.

3 COBIT

3.1 Einführung

CobiT (Control Objectives for Information and Related Technology) ist ein Modell von generell anwendbaren und international akzeptierten IT-prozessbezogenen Kontrollzielen (control objectives), die in einem Unternehmen beachtet und umgesetzt werden sollten, um eine verlässliche Anwendung der Informationstechnologie zu gewährleisten. *The CobiT Mission: To research, develop, publicise and promote an authoritative, up-todate, international set of generally accepted information technology control objectives for day-to-day use by business managers and auditors* .

CobiT wurde vom internationalen Prüfungsverband ISACA (Information Systems Audit and Control Association) seit 1993 entwickelt und als erste Version Ende 1995 veröffentlicht. Im Mai 1998 erschien eine komplett überarbeitete und erweiterte Version mit 34 IT-Prozessen und 300 Kontrollzielen. Im Juli 2000 wurde CobiT in der 3. Version im Wesentlichen um Aspekte des IT-Governance im Rahmen sog. Management Guidelines erweitert. Es sind darin auch die Kernziele, die kritischen Erfolgsfaktoren, sowie die messbaren Leistungsindikatoren aufgeführt, welche eine klare Überwachung der IT-Prozesse durch das Management ermöglichen.

Das CobiT Framework besteht aus verbreiteten, generell akzeptierten Praktiken (Best Practices), welche sicherstellen, dass die benutzte Informationstechnologie die Geschäftsziele abdeckt, dass die Ressourcen verantwortungsvoll eingesetzt und die Risiken entsprechend überwacht werden was mit dem Begriff IT-Governance bezeichnet wird. CobiT ist die einzige allumfassende Methode zur Unterstützung von IT-Governance auf allen Ebenen.

3.2 Komponenten

Entsprechend den unterschiedlichen Zielgruppen, wie Top-Management, IT-Management, Revisoren, IT-Personal, Anwender etc. ist die CobiT Dokumentation in mehreren Bänden mit unterschiedlichen Schwerpunkten und steigendem Detaillierungsgrad organisiert. Basis bildet das Framework. Die folgende Abbildung zeigt die hierarchische Struktur der Dokumentationen mit der jeweiligen Zielgruppe und dem Schwerpunkt.

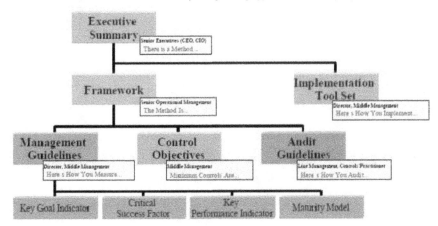

Struktur der COBIT Dokumentation
Sewera Sonja, Referenzmodelle im Rahmen von IT-Governance, 2005

Wie in *Struktur der COBIT Dokumentation* ersichtlich besteht diese aus folgenden Bänden:

- Executive Summary

- Framework

- Implementation Toolset

- Management Guidelines

- Control Objectives

- Audit Guidelines

- Control Practices (Zusatzdokumentation, nicht Bestandteil der 6-teiligen Standarddokumentation)

3.3 Weiterführende Informationen

Das CobiT-Modell zeichnet sich durch eine hohe Kosistenz bezüglich der Darstellung der einzelnen Prozesse aus. Die Angabe von Zieldefinitionen, Erfolgsfaktoren, Effizienz- und Effektivitätskriterien sind im Rahmen einer End-to-End-Betrachtung für jeden Prozess angegeben. Obwohl sich der Detaillierungsgrad auf Prozessebene auf einem sehr hohen Niveau bewegt, fehlen leider ein I/O-Schema als auch Mangementinstrumente, so dass eine genaue Betrachtung der Prozessbeziehungen nicht möglich ist und innerhalb der einzelnen Prozesse unklar sind (wie sind die Aktivitäten umzusetzen).

Obwohl CobiT kein Standard im Bereich des Informationsmanagements darstellt, ist es in der Praxis relativ weit verbreitet. Die für die Weiterentwicklung zuständige ISACA achtet darauf, dass das Modell konform zum Standard ITIL ist. Dementsprechend wird CobiT in der Praxis häufig in Kombination mit ITIL umgesetzt. Konkret kann dies so aussehen, dass als Basis die ITIL-Referenzprozesse umgesetzt werden und CobiT als Kontroll- und Prüfungsmethode verwendet wird.

4 ITIL

4.1 Einführung

ITIL (IT Infrastructure Library) ist ein herstellerunabhängiges Regelwerk der zentralen Informatik- Beratungsstelle der britischen Regierung (Central Computer & Telecommunications Agency) und wurde in den späten 80-er Jahren im Auftrag der britischen Regierung als Antwort auf die wachsende informationstechnologische Abhängigkeit entwickelt. Seit 2000 erfolgt die Herausgabe der Buchreihe durch das OGC (UK Office of Government Commerce).

OCG Statement: *The ethos behind the development of ITIL is the recognition that organisations are becoming increasingly dependent on IT in order to satisfy their corporate aims and meet their business needs. This leads to an increased requirement for high quality IT services.* (http://www.ogc.gov.uk/)

Das ITIL-Framework ist in Form einer themenspezifisch unterteilten Bücherreihe erhältlich, in der die ineinander greifenden Prozesse für das IT-Service-Management (Service- Support und Service-Bereitstellung) definiert werden. In diesen Büchern beschreibt ITIL nicht nur die reine Lehre, sondern auch ein systematisches, professionelles Vorgehen für das Management der IT und ihrer Dienstleistungen. Die Bücher enthalten außerdem Richtlinien zu anderen Themenbereichen, wie Sicherheits- und Business Management von IT.

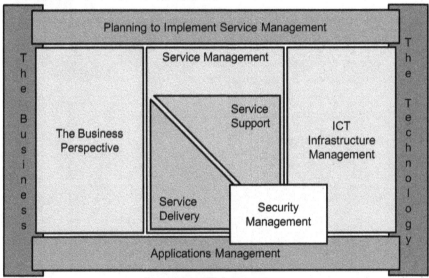

Framework der ITIL Dokumentationen
Quelle: eigene Darstellung

4.2 Komponenten

4.2.1 Business Perspective

Dieser Band behandelt die Sicht der Geschäftsleitung auf das IT-Service-Management. So werden z.B. die Beziehung zwischen der IT-Organisation einer Firma und ihren externen ITZulieferern, bzw. Facility-Management Unternehmen vom Managementstandpunkt aus betrachtet. Auch Outsourcing von IT-Leistungen und Business Continuity Management fällt in diesen Hauptbereich. Alle ITIL-Bereiche dienen der Sicherstellung von qualifizierten und kosteneffektiven IT-Dienstleistungen, welche die Geschäftsprozesse eines Unternehmens wirkungsvoll unterstützen.

4.2.2 Planning to Implement Service Management

Der Hauptbereich Planning to Implement Service Management befasst sich mit der Planung, Einführung und fortlaufenden Verbesserung der ITIL-Prozesse. Dabei muss der Ist-Zustand erfasst und ein Ziel-Zustand definiert werden. Um eine kontinuierliche Verbesserung der ITIL-Prozesse durchführen zu können, ist eine laufende Analyse und Überprüfung der Ergebnisse notwendig.

4.2.3 Applications Management

Das Modul *Applications Management* befasst sich mit dem Planen, Entwickeln, Testen, Implementieren und Außerbetriebnehmen von in einem Unternehmen eingesetzten Applikationsprogrammen. Über den gesamten Lebenszyklus einer Applikation wird versucht, ein für das Unternehmen sinnvolles Management dieser geschäftsprozessabbildenden Programme durchzuführen. Definierte Standards zu Abnahme, Veränderung und Test runden das Tätigkeitsprofil des *Applications Management* ab. Von der Evaluation der Bedürfnisse bis zum Applikationslebenslauf werden die Best Practices vorgestellt. Querbezüge zu Service Delivery, Service Support und ICT Infrastructure Management werden aufgezeigt.

4.2.4 ICT Infrastructure Management

Im Modul *ICT Infrastructure Management* werden alle Aspekte abgehandelt, die sich mit der IT-Infrastruktur und deren Überwachung befassen. Typischerweise sind alle Rechenzentrumsaktivitäten hier wieder zu finden. Auch die kontrollierte Integration neuer IT-Verfahren bzw. IT-Infrastrukturen in ein Unternehmen und das Management von dezentral eingesetzten ITVerfahren gehört zum *ICT Infrastructure Management*.

ICT Infrastructure Management beschreibt die wichtigsten Prozesse, in welche das ITManagement involviert ist:

- Entwicklungs- und Planprozesse (Design and Planing Processes)
- Verteilungsprozesse (Deployment Processes)
- Betriebsprozesse (Operations Processes)
- Technische Unterstützungsprozesse (Technical Support Processes)

4.2.5 Security Management

Das *Security Management* gehört nicht zu den Kernkompetenzen von ITIL, ist aber wegen seiner zentralen Bedeutung für die IT mit den IT-Prozessen (insbesondere Availability Management) eng verknüpft. Das *Security Management* befasst sich mit Datenschutz und Datensicherheit (Verhindern von Datenverlust, Datendiebstahl und Datenverfälschung, Sicherstellen der Vertraulichkeit, Integrität und Verfügbarkeit firmeninterner Daten). Es umfasst sowohl organisatorische wie auch technische Elemente, ist jedoch dem taktischen, strategischen Teil des IT-Geschäfts einer Firma zuzuordnen. Wichtige Aufgaben sind die Definition einer Firmen-Security-Policy und die Aufstellung eines Security-Plans, in dem alle Maßnahmen definiert sind, die die Datensicherheit einer Firma sicherstellen sollen. Mittels Audits muss die Einhaltung eingeführten Sicherheitsmaßnahmen überprüft werden. Angriffe von außen (z.B. durch Viren, Hackerversuche) müssen analysiert und klassifiziert und durch geeignete Maßnahmen minimiert werden. Auch die Einhaltung gesetzlicher Rahmenbedingungen bei den firmenspezifischen Geschäftsprozessen ist zu überprüfen.

4.2.6 Service Management

Das ITIL Basis Framework zum *Service Management* besteht aus 10 ITIL Kernprozessen, die in den Büchern Service Support und Service Delivery umfassend beschrieben sind. Dabei unterstützen die Service Support Prozesse das tägliche operative Handeln, während die Service Delivery Prozesse das taktische Vorgehen und die Planung unterstützen. Die Bücher enthalten neben der detaillierten Beschreibung von Zielsetzungen und Nutzen der einzelnen Prozesse auch Darstellungen der zwischen den Prozessen bestehenden Beziehungen und Implementierungshinweise. Aber auch auf Schwierigkeiten, die bei der Umsetzung entstehen können, wird hingewiesen. Diese Prozessbeschreibungen bieten damit einen geeigneten Rahmen für individuelles IT-Service-Management.

4.3 Weiterführende Informationen

ITIL beschreibt ein systematisches, professionelles Vorgehen für das Management von ITDienstleistungen.

Die Library stellt nachdrücklich die Bedeutung der **wirtschaftlichen** Erfüllung der Unternehmens-Anforderungen in den Mittelpunkt. Die Arbeit nach den in ITIL beschriebenen Best Practices bringt der Organisation:

- IT-Dienstleistungen die den Anforderungen entsprechen.

- Höhere Kundenzufriedenheit.

- Weniger Aufwand bei der Entwicklung von Prozessen, Prozeduren und Arbeitsanweisungen.

- Höhere Produktivität und der gezielte Einsatz von Wissen und Erfahrung.

- Grundlage für eine QM-Systematik im IT-Service-Management.

- Bessere Kommunikation und Information zwischen den IT-Mitarbeitern und ihren Kunden.

- Höhere Mitarbeiterzufriedenheit und niedrigere Personalfluktuation.

Bei der Implementierung von ITIL werden oft die Hilfeleistungen von Consulting-Firmen in Anspruch genommen. Warum dieser Bedarf besteht, beschreiben z.B. Eggenberger et al. (in „Die gläserne IT volle Transparenz beiKosten und Leistungen der IT" In: „HMD-Praxis der Wirtschaftsinformatik" (2004) 237, S.90-102) folgend: Grundsätzlich versteht sich ITIL als Leitfaden, der Inhalte, Prozesse und Ziele innerhalb der IT-Organisation beschreibt. Die konkrete Umsetzung und Ausgestaltung der Prozesse liegt im Ermessensspielraum der IT-Organisation. Dieser Gedanke der Offenheit und Flexibilität des ITIL-Regelwerks wird von ITIL-Nutzern aufgrund des oft als zu gering eingeschätzten Detaillierungsgrads als nachteilig empfunden. ITIL ist allgemein gültig und damit zwangsläufig wenig konkret, d.h., es fehlt an echten Praxisbeispielen. Die Beschreibung zur Planung der Implementierung in dem ITIL-Buch »Planning to Implement Service Management« stellt dabei nur eine kleine Hilfestellung dar.

5 MOF

Microsoft stellt seinen Kunden für Planung und Umsetzung von IT-Projekten nicht nur die Software-Werkzeuge sondern auch Roadmaps zur Verfügung. Diese Anleitungen sollen als Orientierungshilfe und Modell für Design, Entwicklung, Deplyoment, Betrieb und Support von MS-basierten Lösungen dienen. Diese Produkte sind sehr beratungsintensiv. Die Basis dafür bilden das KnowHow von Microsoft und deren Firmenkunden selbst als auch auf dem Markt bereits vorhandene Best Practices.

Die beiden Anleitungen sind in zwei komplementäre und eng miteinander verknüpfte Frameworks gegliedert: das Microsoft Operations Framework (MOF) und das Microsoft Solution Framework (MSF). MOF beschäftigt sich mit dem kontinuierlichen Betrieb von MS-basierrten Umgebungen, d.h. IT-Service-Management. MSF beschäftigt sich mit der Vorgehensweise für Planen, Entwerfen, Entwickeln und Bereitstellen von IT-Lösungen.

5.1 Einführung

Die anschliessende Beschreibung der wichtigsten Produktmerkmale basiert auf den folgenden Microsoft-Produktdokumentationen:

- Pultorak, D.; Quagliariello, P.; Akker, R.: Das MOF Taschenbuch, Microsoft Operations Framework. Van Haren Publishing, 2003
- http://www.microsoft.com/resources/casestudies/ Abruf am 2005-06-01

Grundsätzlich baut MOF auf den Best Practice Lösungen von ITIL der OGC auf und ergänzt an einigen Punkten, um die eigenen Produkte besser mit Richtlinien unterstützen zu können. Dadurch sind Microsoft-Produkte und – Technologien besser für IT-Governance einsetzbar. Microsoft ist auch an der Weiterentwicklung von ITIL beteiligt und hat auch dazu beigetragen, dass die Bände „Planning to Implement Service Managemenr" und „Application Management" erstellt wurden.

Ähnlich wie ITIL bietet MOF zusätzlich zu den Dokumentationen weitere Unterstützungsleistungen wie self-assesments, Trainingsprogramme und Zertifizierungen und Consulting Services, auch durch eine große Zahl von Drittanbietern.

MOF ist auch verträglich mit vielen derzeit von Anwendern eingesetzten Qualitätsverbesserungsmethoden. So ist MOF kompatibel mit: PRINCE2, Six Sigma, ISO 9000 Qualitätsstandards, CMMS (Capability maturity models) wie CMM, ISO 15504, SPICE und auch CobiT.

MOF erweitert ITIL speziell in folgenden Punkten:

- Zusätzliche Team und Prozess Modelle
- Unterstützung von Risk Management
- Fokussierung auf die Service Delivery Ebene. In Erweiterung der ITIL Service Delivery Publikation werden bei MOF über 20 Service Delivery Funktionen (sog. SMF service management functions) unterschieden und jede Funktion mit einer eigenen Beschreibung, Beispielen und einer Anleitung für Best-Practise ausgestattet.
- Darüber hinaus erweitert MOF die ITIL-Verfahrensnormen dahingehend, dass auch verteilte IT-Umgebungen, Branchentrends, wie z.B. Anwendungshosting und webbasierte Transaktions- und E-Commerce-Systeme, unterstützt werden.
- Die MOF Anleitungen und Prinzipien sind skalierungsfähig, anwendbar innerhalb eines Dienstes bis zu umfassenden Installationsumgebungen.

5.1.1 Zielgruppe

MOF ist aufgrund der verständlichen Nähe zu Microsoft vor allem für Anwender interessant, die eine reine Microsoft-Umgebung verwenden und managen wollen.

5.1.2 Überblick und Struktur

Drei grundlegende Modelle prägen MOF und repräsentieren jeweils eine Hauptkomponente des IT-Betriebs:

- Das Prozessmodell – beschreibt funktionale Modelle der Prozesse, die in Service-Organisationen für die Erbringung, Verwaltung und Wartung von IT-Servicesa verwendet werden.

- Das Teammodell stellt eine vereinfachte Sicht auf die benötigten Rollen des Betriebs dar und erlaubt dem Management eine effiziente Organisation des Personals.

- Das Risikomodell dient dem alltäglichen Management von bestehenden Risiken durch standardisierte Terminologie, Integration grundlegender Prinzipien und eines fünfstufig strukturierten Prozesses.

5.2 Komponenten

5.2.1 Prozessmodell

Das Modell stellt Funktionen der Prozesse dar, die von den Ausführenden für die Verwaltung und Wartung von IT-Services durchzuführen sind. Es baut auf den Vorgangsweisen von ITIL auf. Das Modell geht davon aus, dass das Servicepersonal vorrangig für die Verwaltung der Änderungen in der IT-Landschaft verantwortlich ist. Die effektivste Art für den Umgang mit Änderungen während der Lebensdauer eines Service besteht darin, diese in einer Version zusammenzufassen, so dass die Änderungen als eine Einheit geplant und durchgeführt werden können.

Vier grundlegende Prinzipien kennzeichnen das MOF-Prozessmodell:

- strukturierte Architektur
- schneller Lebenszyklus, iterative Verbesserung
- überprüfungsgesteuerte Verwaltung
- eingebettetes Risikomanagement

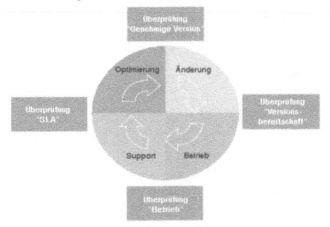

Das MOF-Prozessmodell
Quelle: http://www.microsoft.com/germany/technet/datenbank/articles/495298.mspx#E2EAC; Abruf 27.01.2008

Terminologie

- *IT-Lösungen* beschreiben die Möglichkeiten, die IT in einem Unternehmen bietet. Beispiele sind Datenspeicherung, Drucken, Messaging, etc.

- *Service Management* ist das Konzept der Anwendung von Prozessen um sicherzustellen, dass die Qualität unternehmenswichtiger IT-Leistungen dem mit dem Kunden vereinbarten Niveau entspricht.

- *Service Management Functions (SMFs)* sind Prozesse und Richtlinien, die für die Erbringung von IT-Dienstleistungen verwendet werden. Darunter fallen Themen wie Change Management, System-Administration oder auch Service-Desk.

- *Dienstleistungszweck*: SMFs werden in vier Kategorien eingeteilt, die durch einen Dienstleistungszweck definiert sind. Configuration Management, Change Management und Release Management unterstützen beispielsweise den Dienstleistungszweck „Identifizieren, Prüfen, Steuern und Herausgeben von Änderungen an die IT-Umgebung".

- *Quadrant* ist die Bezeichnung für jene SMFs, die einen Dienstleistungszweck gemeinsam nutzen: „Änderung", „Betrieb", „Support" und „Optimierung". Jeder Quadrant enthält mehrere SMFs.

- *Überprüfungen*: Jeder Quadrant endet mit einer Überprüfung, bei der die Effektivität der zugehörigen SMFs bewertet wird.

- *Operations Management Reviews (OMRs)* sind Management-Überprüfungen bezogen auf die SMFs in einem Quadranten des MOF-Prozessmodells.

In der folgenden Tabelle sind die einzelnen Quadranten mit ihrem Dienstleistungszweck und der Überprüfung angeführt:

Quadrant	Dienstleistungszweck	Überprüfung (OMR)
Änderung	Einführung neuer IT Lösungen, Technologien, Systeme, Anwendungen, Hardware und Prozesse.	Versionsbereitschaft
Betrieb	Effektive und effiziente Ausführung täglich anfallender Aufgaben.	Betrieb
Support	Schnelle Bearbeitung und Auflösung von Zwischenfällen, Problemen und Anfragen.	Service Level Agreement (SLA oder Vereinbarung auf Dienstebene)
Optimierung	Durchführung von Änderungen zum Optimieren von Kosten, Leistung, Kapazität und Verfügbarkeit bei der Bereitstellung von IT-Diensten.	Genehmigte Version

Die Überprüfung „Genehmigte Version" wird vorgenommen, bevor eine Veränderung an der Zielumgebung durchgeführt wird und die Überprüfung (Versionsbereitschaft) bei der endgültigen Installation der neuen Version.

Die Überprüfungen „Betrieb" und „Service Level Agreement (SLA)" erfolgen in periodischen Abständen nachdem eine Version eingeführt wurde. Die internen Abläufe sollemn auf die Leistung mit Fokus auf Kundendienstebenen beurteilt werden.

Service Management Funktionen

Viele der MOF-SMFs basieren auf der IT Infrastructure Library von OGC. Die bemerkenserten Ausnahmen sind Workforce Management (im Quadranten "Optimierung") und sämtliche SMFs im Quadranten "Betrieb". Weil die ITIL plattformunabhängig ist, deckt sie diese Punkte nicht ab. Infolgedessen stellt MOF im Quadranten "Betrieb" den größten Teil der für Microsoft-Produkte und -Technologien spezifischen Hilfestellung beim Betrieb bereit. Da Microsoft den Schwerpunkt auf IT-Vorgänge legt, enthalten viele Produkte jetzt zusätzliche Features und Funktionen, die ihre Supportfähigkeit, Zuverlässigkeit und Verwaltbarkeit erhöhen sollen. MOF erweitert gegebenenfalls die grundlegenden IT-SMFs von ITIL mit speziellen Verweisen auf Microsoft-Produkte und -Features, die die Bereitstellung der SMF entweder automatisieren oder verbessern.

Diese IT-SMFs sind optimale Vorgehensweisen und müssen angepasst werden, um eindeutige oder spezielle Anforderungen einer bestimmten Betriebsumgebung zu erfüllen.

5.2.2 Team Modell

Das MOF Teammodell wurde entwickelt, um das Managen und die Zusammenarbeit von geographisch oder betrieblich verteilten Teams, die verteilte Systeme verwalten, zu unterstützen. Es beschreibt:

- Rollencluster für optimale Vorgehensweisen zum Strukturieren von Betriebsteams.

- Die Schlüsselaktivitäten und Kompetenzen der einzelnen Rollencluster.

- Die Verfahren zum Skalieren der Teams für unterschiedliche Größen und Unternehmenstypen.

- Die Rollen, die effektiv kombiniert werden können.

- Grundlegende Prinzipien, die beim Ausführen und Betreiben von verteilten DV-Umgebungen auf der Microsoft-Plattform helfen.

Grundlegende Prinzipien

Zum Erstellen erfolgreicher, effizienter Betriebsteams wird mehr als nur die Beschreibung von Rollen und Verantwortungsbereichen benötigt. Erforderlich sind außerdem einheitliche Prinzipien, die ein Gefühl für gemeinsame Werte wecken und Richtlinien für das Funktionieren des Teams festlegen. Die fünf primären Prinzipien und Richtlinien für das MOFTeammodell umfassen:

- Bereitstellen einer umfassenden Kunden Dienstleistung.

- Verstehen der Unternehmensprioritäten, damit IT den wirtschaftlichen Nutzen erhöhen kann.

- Aufbauen von starken, synergetischen, virtuellen Teams.

- Nutzen von Tools für IT-Automatisierung und Knowledge Management.

- Anwerben, Entwickeln und Weiterbeschäftigen von leistungsfähigem IT-Betriebspersonal.

Teamrollencluster

Das MOF-Teammodell basiert auf der Erfahrung, dass ein erfolgreiches Betriebsteam eine Reihe von wichtigen Qualitätszielen erreichen muss. Die Rollencluster des Teammodells definieren sechs allgemeine Kategorien von Aktivitäten und Prozessen. Die Prozesse innerhalb eines Rollenclusters unterstützen alle dasselbe Qualitätsziel. Es ist wichtig zu erkennen, dass es sich bei Rollenclustern um Gruppen von Aktivitäten handelt, die ein gemeinsames Ziel haben. Rollencluster sind keine Tätigkeitsbeschreibungen, und sie sind mit keinem Organigramm irgendeiner Art verbunden.

Es werden 6 Rollencluster unterschieden: Version (Release), Infrastruktur, Support, Betrieb, Partner, Sicherheit. Das folgende Diagramm ordnet die sechs Rollencluster möglichen funktionalen Rollen oder Funktionsteams in einer typischen Betriebsorganisation zu.

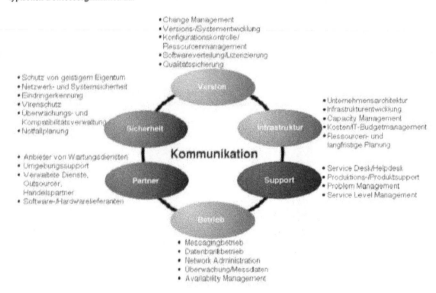

Beispiel für Funktionsteams innerhalb von Rollen des Betriebsteammodells

Das MOF-Teammodell und Beispiele für Funktionsrollen oder Funktionsteams
Quelle: http://www.microsoft.com/germany/technet/datenbank/articles/495298.mspx#E2EAC; Abruf 27.01.2008

5.2.3 Risiko Modell

Entwickelt wurde das MOF Team Modell unter em Aspekt, verteilte Teams (betrieblich oder geografisch) bei der Verwaltung von verteilten Systemen zu unterstützen. Es enthält folgende Beschreibungen:

- Rollencluster: Vorgehensweise für die Teamstrukturierung
- Schlüsselaktivitäten und Kompetenzen der Rollencluster
- Verfahren zum Skalieren der Teams für verschiedene Unternehmenstypen und –grössen
- effektiv kombinierbare Rollen
- Prinzipien, die beim Ausführen und Betreiben von verteilten DV-Umgebungen auf MS-Plattformen unterstützen.

Grundlegende Prinzipien

Zum Erstellen erfolgreicher, effizienter Betriebsteams wird mehr als nur die Beschreibung von Rollen und Verantwortungsbereichen benötigt. Erforderlich sind außerdem einheitliche Prinzipien, die ein Gefühl für gemeinsame Werte wecken und Richtlinien für das Funktionieren des Teams festlegen. Die fünf primären Prinzipien und Richtlinien für das MOFTeammodell umfassen:

- Bereitstellen einer umfassenden Kunden Dienstleistung.
- Verstehen der Unternehmensprioritäten, damit IT den wirtschaftlichen Nutzen erhöhen kann.
- Aufbauen von starken, synergetischen, virtuellen Teams.
- Nutzen von Tools für IT-Automatisierung und Knowledge Management.
- Anwerben, Entwickeln und Weiterbeschäftigen von leistungsfähigem IT-Betriebspersonal.

Teamrollencluster

Das MOF-Teammodell basiert auf der Erfahrung, dass ein erfolgreiches Betriebsteam eine Reihe von wichtigen Qualitätszielen erreichen muss. Die Rollencluster definieren sechs allgemeine Kategorien von Aktivitäten und Prozessen. Die Prozesse innerhalb eines Rollenclusters unterstützen alle dasselbe Qualitätsziel. Es ist wichtig zu erkennen, dass es sich bei Rollenclustern um Gruppen von Aktivitäten handelt, die ein gemeinsames Ziel haben. Rollencluster sind keine Tätigkeitsbeschreibungen, und sie sind mit keinem Organigramm irgendeiner Art verbunden.

Es werden 6 Rollencluster unterschieden: Version (Release), Infrastruktur, Support, Betrieb, Partner, Sicherheit. Das folgende Diagramm ordnet die sechs Rollencluster möglichen funktionalen Rollen oder Funktionsteams in einer typischen Betriebsorganisation zu.

5.2.4 Verbindung des Prozessmodells mit dem Teammodell

Die Teamrollencluster richten sich normalerweise an den vier Prozessquadranten des MOFProzessmodells aus, wie im folgenden Diagramm dargestellt wird. Dabei können mehrere Rollen zu einem einzigen Quadranten gehören und eine einzige Rolle (z. B. "Lieferant" oder "Sicherheit") kann in mehreren Quadranten enthalten sein.

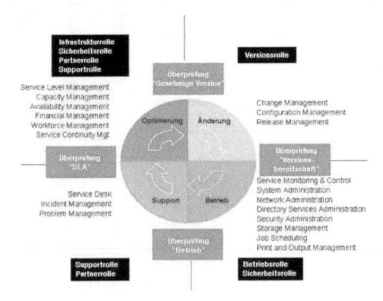

Verknüpfung von Prozess- und Teammodell
Quelle: http://www.microsoft.com/germany/technet/datenbank/articles/495298.mspx#E2EAC; Abruf 27.01.2008

5.2.5 Risikomodell

Das Risikomodell für den Betrieb wendet bewährte Techniken des Risikomanagements auf die Probleme an, mit denen das Betriebspersonal täglich konfrontiert wird. Es gibt viele verschiedene Modelle, Rahmenstrukturen und Prozesse zum Verwalten von Risiken. Das MOF Risikomodell zeichnet sich durch seine grundlegenden Prinzipien, eine benutzerdefinierte Terminologie, einen strukturierten, wiederholbaren Prozesses aus fünf Schritten und die Integration in eine größere Betriebsrahmenstruktur aus. Es baut auf dem Microsoft Solutions Framework MSF-Risikomodell auf, das erweitert und angepasst werden kann, um die Anforderungen von Betriebsgruppen zu erfüllen.

Grundlegende Prinzipien

Dieses Risikomodell wendet folgende Prinzipien für ein erfolgreiches Risikomanagement im Betrieb an:

- *Kontinuierliches Bewerten von Risiken*: Dies bedeutet, dass das Team die Suche nach neuen Risiken niemals beendet und dass bekannte Risiken regelmäßig neu bewertet werden.

- *Integrieren des Risikomanagements* in jede Rolle und jede Funktion: Grundsätzlich übernimmt jede IT-Rolle einen Teil der Verantwortung für das Risikomanagement, und beim Entwerfen jedes IT-Prozesses wird das Risikomanagement beachtet.

- *Positives Umgehen mit der Risikoidentifizierung*: Damit das Risikomanagement erfolgreich ist, müssen die Teammitglieder bereit sein, Risiken ohne Furcht vor Kritik oder Sanktionen zu identifizieren.

- *Verwenden von risikobasierter Zeitplanung*: Zur Aufrechterhaltung einer Umgebung ist es oft erforderlich, Änderungen der Reihe nach vorzunehmen. Dabei sollte das Team die riskantesten Änderungen nach Möglichkeit zuerst vornehmen, damit für Änderungen, die nicht herausgegeben werden können, keine Zeit und Ressourcen verschwendet werden.

- *Festlegen eines akzeptablen Formalitätsniveaus*: Ein erfolgreicher Prozess muss vom Team verstanden und tatsächlich angewendet werden.

Diese Prinzipien werden im Begriff *proaktiv* zusammengefasst. Ein Team, das proaktives Risikomanagement betreibt, erkennt an, dass Risiken ein normaler Bestandteil des Betriebs sind. Statt Risiken zu fürchten, betrachtet sie das Team als eine Gelegenheit zum Schutz künftiger Versionen. Die Teammitglieder zeigen eine proaktive Einstellung, indem sie einen sichtbaren, messbaren, wiederholbaren und kontinuierlichen Prozess zur objektiven Bewertung von Risiken und Gelegenheiten anwenden und dann Maßnahmen ergreifen, die sich sowohl mit den Ursachen der Risiken als auch mit deren Symptomen befassen.

Risikomanagementprozess

Im folgenden Diagramm werden die fünf Schritte des Risikomanagementprozesses dargestellt: Identifizieren, Analysieren, Planen, Nachverfolgen und Steuern. Es ist wichtig zu verstehen, dass jedes Risiko alle diese Schritte mindestens einmal und oft zahlreiche Male durchläuft. Außerdem besitzt jedes Risiko einen eigenen Zeitrahmen. Deshalb können in jedem Schritt zu jedem beliebigen Zeitpunkt mehrere Risiken vorhanden sein.

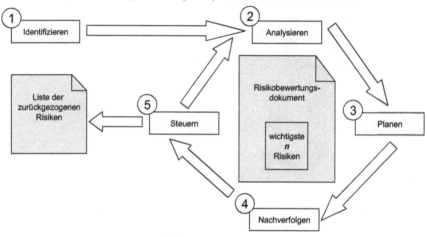

Risikomanagementprozess
Quelle: eigene Darstellung

Im Risikoprozess werden folgende Risiko-Dokumentationen verwendet:

- Risikobewertungsdokument: In den ersten drei Schritten werden Informationen zu einem bestimmten Risiko gesammelt und zum Risikobewertungsdokument hinzugefügt. In den letzten beiden Schritten wird dieses Dokument zur Unterstützung bei der Entscheidungsfindung herangezogen.

- Liste der wichtigsten Risiken: Diese Liste identifiziert die wenigen Hauptrisiken, die den größten Anspruch auf die begrenzte Zeit und die beschränkten Ressourcen des Teams haben.

- Liste der zurückgezogenen Risiken: Jedes irrelevant gewordene Risiko wird aus der Liste der Hauptrisiken in die Liste der zurückgezogenen Risiken verschoben. Diese Liste dient als Verlaufsreferenz, an die das Team sich zukünftig halten kann.

Der Prozess umfasst folgende fünf Schritte:

- Schritt 1: Identifizieren. Ermitteln folgender Faktoren: Quelle des Risikos, Fehlerart, Bedingung, Folge für den Betrieb sowie Folge für das Unternehmen.
- Schritt 2: Analysieren. Ermitteln der Wahrscheinlichkeit und Auswirkung des Risikos sowie Verwenden der Ergebnisse zur Berechnung eines Gefährdungswertes als Hilfe beim Einstufen von Risiken.
- Schritt 3: Planen. Definieren von abschwächenden Faktoren, die das Risiko ganz vermeiden, es auf eine andere Partei übertragen oder aber die Auswirkung oder Wahrscheinlichkeit oder beides reduzieren. Definieren von Notfallplänen, die beim Eintreten des Risikos auszuführen sind. Definieren von Triggern, die das baldige Eintreten des Risikos anzeigen.
- Schritt 4: Nachverfolgen. Sammeln von Informationen darüber, wie sich verschiedene Elemente des Risikos im Lauf der Zeit ändern.
- Schritt 5: Steuern. Ausführen einer geplanten Reaktion auf bestimmte Änderungen. Beispiele: Wenn ein Triggerwert wahr wird, wird der Notfallplan ausgeführt. Wenn ein Risiko nicht mehr relevant ist, wird dieses Risiko zurückgezogen. Wenn sich die Auswirkung geändert hat, wird der Zyklus beim Schritt "Analysieren" neu gestartet, um die Auswirkung neu zu bewerten.

5.3 Weiterführende Informationen

Ausbildung und Dokumentation

Die ausführlichen englischsprachigen Beschreibungen zu MOF sind in der Microsoft TechNet Dokumentation abgelegt, es kann über Internet kostenlos darauf zugegriffen werden. Microsoft bietet eigene Kurse zu ITIL und MOF an. Möglichkeiten für eine Microsoftspezifische Zertifizierung sind gegeben. Im Übrigen verweist Microsoft als Ergänzung auch auf die offizielle ITIL Dokumentation.

Verbreitung und Fallstudien

Über die Einsatzzahlen liegen wenige Informationen vor. Da die deutsche Übersetzung der letzten englischen Dokumentationen zur Version 3 von MOF nicht nachgezogen wurde, liegt die Vermutung nahe, dass die Verbreitung im deutschsprachigen Raum sehr gering sein dürfte. Über eine Microsoft Webseite [Micr05] kann auf case studies von erfolgreichen Einsätzen bei Deloittle Niederlande, BP und Cox Communications zugegriffen werden.

5.4 Abschliessende Bewertung

Da keine Artikel mit Bewertungen zu MOF gefunden wurden - wahrscheinlich da es als proprietäres Produkt angesehen wird - wird hier eine persönliche Bewertung vorgestellt. Microsoft bietet mit der MOF Dokumentation seinen Kunden als Ergänzung zu ITIL wertvolle Beratungsinformationen kostenlos an. Die Dokumentationen sind für IT-Fachleute auch ohne zusätzliche Schulung verständlich, ihr Studium fördert das allgemeine technische IT-Know-how. MOF ist auch für kleinere Firmen, die Microsoft Produkte einsetzen, gut verwendbar. Eine echte Implementierung mit verbindlicher Einführung von Abläufen sollte allerdings unter Anleitung eines Beraters erfolgen.

MOF behandelt nicht alle Bereiche von ITIL, sondern ist nur auf den Hauptbereich Service Management (mit Service Support und Service Delivery) fokussiert. Hier allerdings werden 20 identifizierte Problembereiche in Form von SMFs (Service Management Funktionen) adressiert und detailliert behandelt. Die Anleitungen sind professionell und praxisbasiert. Wichtige Aspekte einer Microsoft Umgebung wie z.B. Directory Services Administration werden ausführlich behandelt. Das Rollenkonzept bietet gute Unterstützung bei der Personalorganisation und einer optimalen Zuordnung von Personen, Aktivitäten, Kompetenzen und Aufgabenbereichen.

Die Einführung von Risikomanagement ist heutzutage ein Muss, das vorgestellte Risikomanagementkonzept daher eine zusätzliche Unterstützung für deren Durchführung. Zusammenfassung: Microsoft Kunden bringt die Beschäftigung und der Einsatz von MOF Richtlinien sicherlich einen verbesserten, sichereren und daher auch kostengünstigeren Betrieb ihrer IT-Installationen. Ein Ersatz für das komplette ITIL ist MOF definitiv nicht.

6 Zusammenfassende Gegenüberstellung

Die in dieser Arbeit betrachteten IT-Governance Referenzmodelle wurden bereits in den jeweiligen Kapiteln individuell ausführlich bewertet. Es folgen daher hier nur mehr Darstellungen über deren Zusammenspiel und Gegenüberstellungen.

6.1 IT Governance und das CobiT-Framework

Für die Implementierung einer IT-Governance gibt es zwar verschiedene Denkansätze und Prioritätsbewertungen (vgl. Kap. 1), jedoch gibt es nur einen De-facto- Standard dazu, das Referenzmodell CobiT. Diese Ansicht wird einhellig auch in der akademischen Literatur vertreten. Siehe dazu folgende Literatur:

- Hochstein, A.; Hunziker, A.: Serviceorientierte Referenzmodelle des ITManagements. In: HMD-Praxis der Wirtschaftsinformatik (2003) 232, S 45-56.

- Meyer, M; Zarnekow, R.; Kolbe,L.: IT-Governance, Begriff, Status quo und Bedeutung. In: Wirtschaftsinformatik 45 (2003) 4, S.445-448.

Die Aufgabe des Managements im Rahmen von IT-Governance ist es, die IT-Strategie und in weiterer Folge die IT-Aktivitäten derart zu steuern, zu kontrollieren und zu messen, dass diese bestmöglich zur Erreichung der globalen Geschäftsziele beitragen.

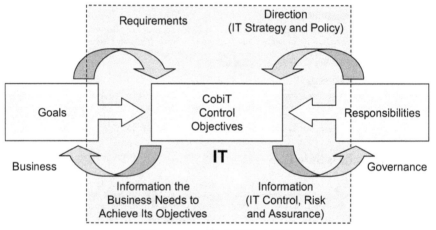

IT-Governance und die CobiT Kontrollziele
Quelle: ISACA : CobiT Presentation Package. http://www.isaca.org/, Abruf am 2005-05-27

Das CobiT Framework ist das Best Practice Werkzeug dazu, denn es definiert für die wichtigsten IT-Prozesse deren Kontrollziele (Control Objectives)und beinhaltet

- eine Anleitung zur Performancemessung (Messergebnisse und Performancetreiber für alle IT-Prozesse)
- eine Liste aller kritischen Erfolgsfaktoren, die (nicht technische) Best Practices für jeden IT Prozess liefert.
- Reifegradmodelle, die sich als Entscheidungshilfe anbieten und Benchmarking unterstützen.

Für ein Management, das IT-Governance einführen und leben will, sind somit CobiT und im Speziellen die Management Guidelines das geeignete Tool dafür.

6.2 Mapping von ITIL auf COBIT

Im CobiT Framework werden die 34 wichtigsten IT-Prozesse identifiziert, beschrieben und in vier Domänen (PO 01-13, AI 01-06, DS 01-13 und M 01-04) gruppiert. Für diese werden Kontrollziele und Kontrollpraktiken definiert. ITIL behandelt in seinen sieben Büchern ebenfalls die wesentlichen IT-Prozesse, wenn auch aus einer etwas anderen Sicht. Folgerichtig ist eine Zuordnung des Inhalts der ITIL Bücher auf die CobiT Prozesse möglich. Dazu wurden zwei verschiedene Darstellungen gefunden, wobei die beiden Darstellungen nicht zum gleichen Ergebnis kommen.

CobiT Prozesse, die von ITIL adressiert werden
Quelle: IT Governance Institute: CobiT Mapping, Overview of International IT Guidance.

Nach der ITGI Darstellung behandelt ITIL primär die Prozesse der Domänen AI (Acquisition and Implementation) und DS (Delivery and Support). Die zweite, inverse Darstellung der Firma Glenfis (Glenfis Schweiz: ITIL-CobiT-Mapping Excel-File, http://www.glenfis.ch/deutsch/gf52-ITILCobitForm.html Abruf 2007-11-08) zeigt hingegen detaillierter, welche CobiT Prozesse welchen ITIL Büchern zugeordnet werden können:

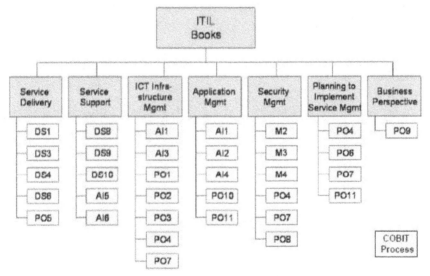

Mapping der CobiT Prozesse auf die ITIL Bücher
Quelle: Schweiz: ITIL-CobiT-Mapping Excel-File, http://www.glenfis.ch/deutsch/gf52-ITILCobitForm.html
Abruf 2007-11-08

6.3 Vergleichsmatrix

In der folgenden Tabelle werden die besprochenen Referenzmodelle mittels einer eigenen Bewertung grob gegenübergestellt, wobei in dieser unter IT-Governance die Sicht und das Board Briefing des ITGI zu verstehen ist.

Kriterien	IT-Governance	CobiT	ITIL	MOF
Herausgeber	ITGI	ITGI/ISACA	OGC/itSMF	Microsoft
Zielgruppe	Vorstand, GF	alle IT-Managementebenen, IT-Auditoren	IT-Management u. IT-Personal	IT-Presonal v. Microsoft-Kunden
Schwerpunkt	IT-Governance strategisch	IT-Governance operativ	IT-Service Management	IT-Servive Management in MS-Umgebungen
Verbreitung	gering	mittel	groß	gering
Breite (Umfang)	mittel	groß	mittel	mittel
Tiele (Detaillierung)	mittel	groß	groß	groß
Rollenmodell	vorhanden	Hinweise	vorhanden	vorhanden
Zertifizierung	nein	ISACA	itSMF	Microsoft
EDV-Unterstützung	nein	nein	stark	stark
Weiterentwicklung	ja	ja	dynamisch	unbekannt

Vergleichsmatrix mit Kriterien
Quelle: Sewera Sonja, Referenzmodelle im Rahgmen von IT-Governance, 2005

6.4 Zusammenfassung

Zusammenfassend kann folgendes kurzes Fazit gezogen werden:

IT-Governance ist zu einem wesentlichen Teil der Unternehmensführung geworden und hat dementsprechende Bedeutung erlangt. Durch das CobiT-Referenzmodell wird dem Management ein Hilfsmittel gegeben, IT-Governance auszuüben, das heißt, die IT derart zu planen, zu steuern und zu kontrollieren, dass die Geschäftsziele optimal durch die IT-Prozesse unterstützt werden. Hingegen bietet das ITIL Referenzmodell Best Practices für das operationelle IT-Service-Management. Beide Modelle sind weltweit als De-facto-Standard anerkannt und können auch gut und gewinnbringend gleichzeitig angewendet werden. MOF ist eine ITIL Erweiterung von Microsoft für Anwender in einer Microsoft Software-Umgebung.

7 Anhang

7.1 Abkürzungsverzeichnis

Abkürzung	Erläuterung
CISR	Center of Information Systems Research
ITGI	IT Governance Institute
COBIT	Control Objectives for Information and Related Technology
ITIL	IT Infrastructure Library
MOF	Microsoft Operations Framework
OGC	Office of Government Commerce
ISACA	Information Systems Audit and Control Association
BSC	Balanced Scorecard

www.ingramcontent.com/pod-product-compliance
Lightning Source LLC
LaVergne TN
LVHW042310060326
83290ZLV00009B/1400